행복의 옥토에 씨심는

______________ 님께

년 월 일

__________ 드립니다.

창립30주년 기념 기념 권태진 목회시선 8집

행복의 옥토

창립 30주년 기념 권태진 목회시선 8집

행복의 옥토

권태진 지음

서
로빛

"목회는 행복의 꽃 사랑의 열매"

군포 땅을 처음 밟은 그 때를 회상해 봅니다. 예수님께서 공생애를 시작하셨던 서른 살 나이에 저도 목회를 시작했습니다. 천막 속에서 살을 에는 추위를 이겨가면서 눈물을 뿌렸던 시점부터 지금까지 모든 것이 하나님의 은혜였습니다. 사람의 숲에서 위로를 받고 쉼도 얻고 싶었지만 한 알의 밀알되기를 원하시는 주님의 음성을 들었습니다. 그리고 30년의 목회여정 속에서 행복의 꽃이 피고 사랑의 열매를 많이 맺게 하셨습니다. 모진 비바람이 불었지만 주님께서 버팀목이 되어 주셨습니다. 하나님께서는 사랑의 빛으로 건강한 목회를 하게 하셨습니다.

그 여정은 기도의 옥토, 감사의 옥토, 사랑의 옥토가 되어 영광의 옥토가 되었습니다. 척박한 대지를 행복의 옥토가 되게 하신 하나님께 모든 영광을 돌립니다.

또한 고통 속에서 있는 듯 없는 듯 힘이 되어준 사랑하는 아내에게 깊은 감사를 드립니다. 또한 잘 인내해 준 자녀들과 건강한 목회를 할 수 있도록 기도의 힘이 되어준 당회원, 기획위원회 및 모든 성도님들께 감사드리며 이 영광을 함께 나누고 싶습니다.

2008년 5월 25일

권 해진 목사

Contents

들어가면서 … 4

Chapter 1

기도의 옥토

Contents

감사의 옥토

Chapter 2

Contents

사랑의 옥토

Chapter 3

Contents

맺으면서 … 154

영광의 옥토

Chapter 4

기도의 옥토

씨앗이 땅에 떨어져 숨을 쉬고 생명력을 발휘 하려면 땅이 기름져야 합니다.
그 땅을 옥토라고 합니다. 기도는 우리의 삶의 터전을 옥토되게 합니다.
눈물 뿌리며 기도하는 심령에는 기적의 생명이 싹트게 됩니다.

능력의 세계로

할 수 없다고
생각하는 마음의 장벽
님이 하시면 할 수 있다고 믿어라

환경 변화시키려 시도하기 전
마음과 생각 변화시켜
그 마음 복음의 능력 입게하라

"할 수 있거든이 무슨 말이냐
믿는 자에게는
능치 못할 일이 없느니라"*

"내게 능력 주시는 자 안에서
내가 모든 것을 할 수 있느니라"**

*막 9:23 **빌 4:13

믿음없는 정탐군 열명의 말 들은
이스라엘 백성
광야 40년 맴돌다가 광야에서 죽고
여호수아 갈렙
같은 환경보고도
들어갈 수 있다는 믿음으로
가나안의 누림 받았도다

사람의 현실 숲에서 벗어나
초자연적인 능력의 세계로
나가야 하리라.

가노라

동녘의 태양 솟아오르니
나무의 그림자는 서쪽을 향해
어느새 중천에 이르는
나무밑 그늘되는구나

저녁노을 산너머 태양 빠져들면
나무의 그림자는 동쪽을 향하겠구나

물가에 심기운 나무처럼
무더위 이기며 열심히 살려는 맘 가득하나
꿈과 추억의 갈림길에 엉거주춤 서
인생의 후반기를 설계하노라

인생무상의 슬픈 노래
흑암에서 불러오니
창조의 구원의 날 찾아와
고통의 날 아름다운 추억되게 해
현실 인정하며 늙음도 사랑으로 품어
생로병사 징검다리 건너
영생 낙원으로 찬송하며 걸어가노라.

인생의 **후반기**를 **설계**하노라

기도실에서

님을 향해 무례할 수 없고
숨길 것 낙심할 것 없음은
당신은 내 생명이기 때문입니다

칠흑빛 어둠에 숨겨진 본성
님의 진리 조명 받으니
아집 고집 위선의 조약돌
하얀 마음에 자리 잡은 것 보입니다

환히 보면 볼수록 초라해지는 나
눈물 쏟으며 힘쓰고 애써도
소망 없음 알아
님의 보혈 대속의 은총
믿으며 회개문 열고
거룩의 좁은 길 향하며
감사맘 품습니다

내 육체 님의 성전으로
귀신의 집 피해
진리 영광의 삶
섬기고 사랑하는 맘
분초 아끼며
님의 품에 가는 날까지
사랑하는 자로 십자가 지고 가렵니다.

홀리스피리츠맨 시상식
(문화예술부문, 2008)

홀리스피리츠맨 시상식
(문화예술부문, 2008)

사랑하는 아내와 함께 걸어온 시간들

사랑하는 아내가 심장의 고통으로 금요일부터 긴 긴 밤 시달렸다. 토요일 아침이 밝았다. 아내를 병원에 입원시켰다. 아내는 나에게 회중시계와 같은 사람이다. 나의 거울과 같은 사람이다. 어머니와 같이 모든 것을 챙겨 주는 사람이다. 그녀 없이 옷을 입는 것이 어려워 바지와 윗도리 색깔을 다른 것으로 입고 나갔다. 외모에 대해서는 전혀 신경쓰지 않고 살아왔던 날들, 그 날들이 문득 생각났다. 오늘은 내가 나를 챙겨야 된다는 것 때문에 여러 가지 많은 생각을 하고 있는데 누군가가 나타났다. 하얀 와이셔츠와 넥타이에 속옷까지 챙겨 주었다. 맏딸 은혜였다. 엄마가 하는 것을 그대로 배워 하고 있었다. 아내는 손과 발의 한 부분이며 그 이상이다. 정신의 한 부분이며 삶의 한 부분이다.

20 …

떠나자

멀리 떠나고 싶다

몸이 떠나지 못하니
마음이라도
푸른 바다 모래사장을
맨발로 걸어보자

눈 녹는 산골짝 개울
가재 꿈틀대는 맑은 물에
발 담그고
인생이 무엇인가 생각해 보자

이 산지처럼 살자며 살았지만
죽은 자로 살자

세상 사고(思考) 죽고
성령 사고(思考) 살려
빛으로 살자

정욕으로 되는 것
아무것도 없으니

'죄인 무능자
위선자 바보' 라 해도
할 말 없다

내가 하는 것
내일 아닌 님의 일
안되는 것 없으니
믿음으로 사는 자
'능력자 순종자 거룩자' 라 하니
난 행복자가 아닌가
지친 육체 속 벗어나
믿음으로 낙원 소망하는 영혼
행복이 가득하구나.

큰 선물

행복한 당신
당신의 사망고통 풀어주시려
독생성자 보낸 아버지의
큰 사랑 깨달아 보았는가

복 받은 당신아
당신의 사망고통 대속한
예수님의 순종의 삶을
생각해 보았는가

해산의 고통으로
생명 태어나고
십자가 고통으로
새 생명 거듭나고
죽음의 형벌 넘어
부활의 능력
신령의 눈 열림은
님의 큰 선물이지요

배신과 십자가의 길도
묵묵히 걸어가신
님의 모습 닮음은
부활의 승리
믿기 때문이지요

봄은 고난의 늪에 빠졌으나
마음은 부활의 믿음 있으니
육신은 신음하나
감사의 노래 호흡됩니다.

아버지의 큰 사랑 깨달아 보았는가

감사의 호흡

사울 바울되게 하신 님
님이 원하시면
못 고칠 질병 습관 환경 없음 알아
소망 중 기쁨 가득합니다

편견 분노 허영심 가득 담아
님의 제자 고통 준 사울
다메섹 도상 님 만나
진실 거룩의 영 받으니
잃고 찾은 것 소복합니다

건강 잃고 진리 찾고
명예 잃고 거룩 찾으니
과거 지식 배설물 삼고
십자가 길, 순종의 길 갑니다

자신 보면 볼수록 추한 모습
님을 알면 알수록
생명 존귀합니다

은혜의 복음 증거하는 일을
마치려 함에는 나의 생명을
조금도 귀한 것으로
여기지 아니합니다

임시성 빼앗겼으나
거룩한 영원한 누림
주신 님께 감사의 호흡만
나의 삶입니다.

믿음으로 자라나는 새싹들에게

TO. 주일학교 친구

하얀 모래와 검은 바위가 있고 바다가 출렁이는 곳에서

너희들을 생각하고 있단다. 목사님에게 편지와 카드를 쓴 이들도 많고

초코렛과 사탕 등 선물을 준 친구들도 많이 있단다.

그러나 목사님이 일일이 답장을 하지 못해서 미안하게 생각한단다.

때로는 시간에 쫓기다가 자세히 읽지 못할 때도 있었단다.

목사님이 잘못한 것 같아 하나님께 회개 했단다.

앞으로는 친구들의 편지를 잘 읽어 볼 것이니 마음껏 편지하거라.

얘들아! 목사님이 하루에 우리 친구들을 한 사람씩만 만나도 1년이 걸리고

온 성도들을 만나려면 5년 이상의 시간이 걸린단다.

그러나 목사님은 주일학교 친구 모두를 사랑한단다.

너희들은 우리 모두의 소망이며, 보배란다.

사랑하는 친구들아!

진달래, 개나리 피는 새봄에 하나님 사랑을 사람들에게 전하는

전도의 열매를 맺어 보자구나.

지금까지 고사리 손 모아 하나님께 기도해 준 것 고맙구나. 건강해라. 안녕.

FROM. 담임목사

좁은 길

냉가슴 봄 열기
경직된 맘 감격의 정
눈물로 쏟아낸다

말뚝처럼 서
찬바람에 울던 나무 위
아지랑이 잠재우며
온종일 대지 적신다

감사의 정 열기
녹아나는 아픈 추억
돋는 기쁨 사랑의 계절 열린다

봄비 맞는 대지
사랑 메아리 토해낼 생명
솔바람 춤추는 때 밀려온다

화려함 여름 열기
막을 수 없으니
온 몸 흠뻑 맞겠구나

보혈로 살리움 받은 영
낙원 누림 믿으니
계절의 철길 벗어나
영원의 행복 좁은 길
나의 길임을 깨닫는다.

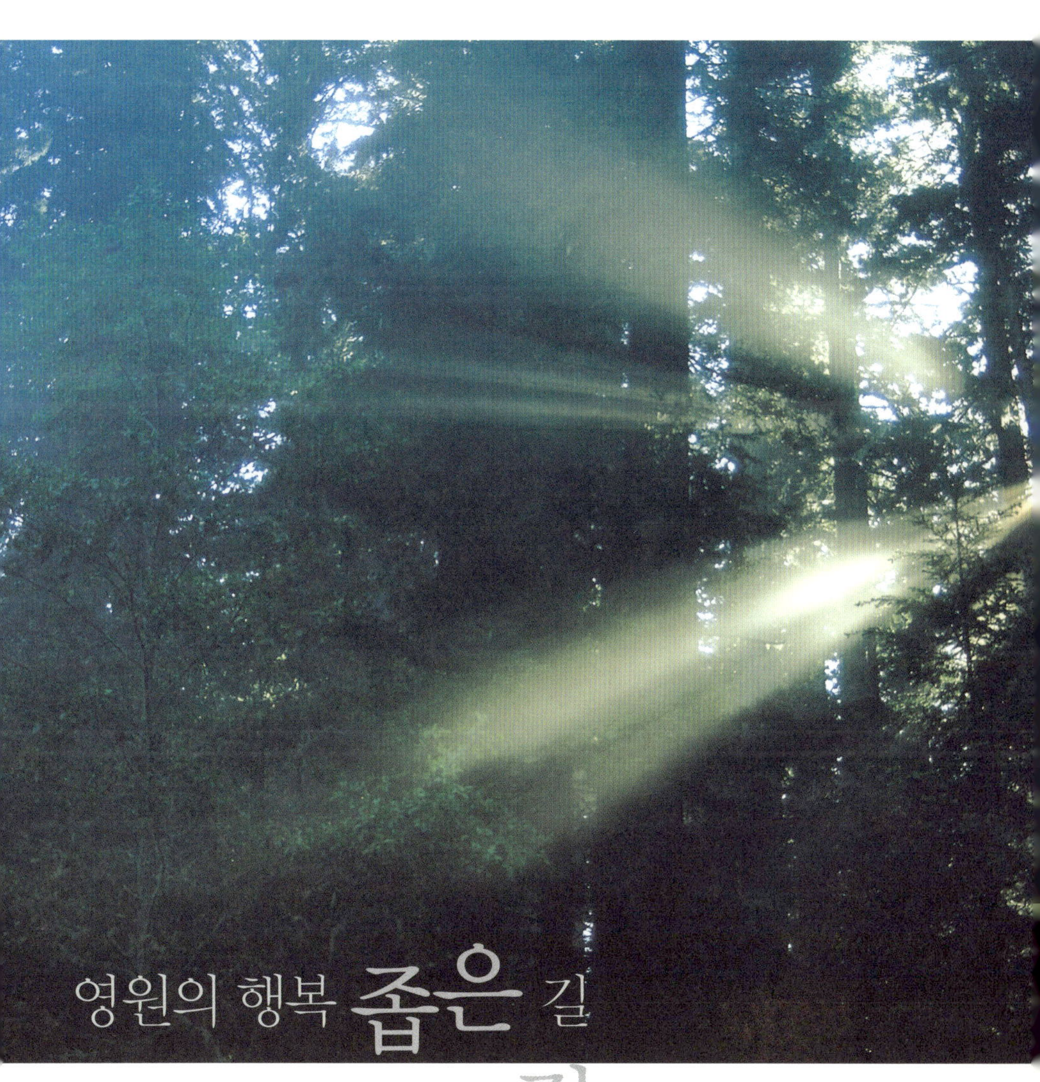

영원의 행복 좁은 길
나의 길임을 깨닫는다.

진리의 모닥불

승리자만 받는 돌
기도의 동산 명패 붙이고
눈물의 기도로 열매되었구나

아침안개 산악을 휘어 감으나
동녘의 태양 밤새 입은 안개 드레스
살며시 벗기는 때

한 나그네 바위타고
님의 말씀 심취되니
까치 노래하고 꿩 뻐꾸기 장단 맞춘다

의인과 자연의 조화
행복 자체로구나

수고의 짐 벗고
가는 낙원 누림 믿음
섬김의 삶 통해 면류관 만드는
지혜자 길 선택케하심 감사
사랑의 가슴에
진리의 모닥불 피우리라.

의인과 자연의 조화
행복 자체로구나

그냥 앉아 있을 뿐

낙엽지는 소리와 함께
천막 예배당 지날 때
신음하듯 부르짖는 기도소리는
엄마품 찢어대는 아이의 모습

속부터 시려오는 초겨울
무더위로 겨울준비 부족
엎드리다 머리 다리 사이로 달팽이 모습
구부러진 허리
허기진 배 쪼로록 소리
서러움의 씨되어 왈칵 눈물 솟게 한다

천막교회 철야는
추위와 외로움 자체
이 모습 자신도 인정 못하나
꼼짝없이 심령 결박된 몸 어쩔 수 없다

자원하고파도 아니요 소리발해
버림받을찌라도 피하고 싶은 십자가

형편없는 이들의 조롱
심장이 터지도록 한스러움을
생명사랑 움틔우고
고난의 수렁 기쁨샘 토하고
농지의 물 길 따라 황금들녘 농부되니
흙의 진실함
콩 심은데 콩 주고 팥 심은데 팥 주심
사랑의 빛으로 풍성한 수확 상주는 님

오직 님 아시니
저는 모든 것을 할 수 없습니다
죽을 수도 살 수도 없는 자입니다
그냥 앉아있을 뿐입니다.

천막교회

창립29년감사예배 성도들과 함께 2007.

첫번째 성전 건축 현장

천막에서 시작한 목회

오늘은 창립 24주년 되는 날이다. 지금으로부터 24년 전 10월 15일 경기도 시흥군 남면 작은 시골 마을에서 쓰레기장을 일구고 천막을 치고 십자가를 꽂았다. 쓰레기장 아카시아나무, 연탄재와 고양이 시체가 뒹굴었지만 하나님께서 은혜 주셔서 쓰레기장을 일구어서 그 장소를 개척 장소로 하게 하셨다. 친구 목사 몇 명과 함께 삽과 괭이로 장소를 일구고 아내의 친구에게 돈을 빌려서 천막을 샀다. 강단이 없어서 저 건너편 가구점에서 철 책상 하나와 의자 세 개를 외상으로 얻어 놓았다. 피아노 대신 풍금으로 반주를 하였다. 비도 막을 수 없는 허름한 천막에 바람이 불면 펄럭이고 비가 오면 늪처럼 내 발을 빨아 당겼다. 가지런히 쓰러져있는 가마니들은 늘 그리스도께서 태어나신 말구유를 생각나게 했다. 전기도 없는 캄캄한 천막 안에서 창립 전날부터 시작된 철야기도, 책상 위에 가지런히 켜 놓은 촛불, 천막사이로 들어오는 겨울로 가는 길목에서 들어오는 찬바람이 뼈 속까지 스며들었다. 여름에 답혀졌던 몸은 겨울 준비없어 추위에 떨고 있었다. 아무리 몸을 구부려 봐야 더 이상 구부릴 수 없어 머리가 무릎사이에 들어와 웅크리고 있지만 먹을 양식까지 없었다.

창립을 맞으며

지난날 추억하니
모두 님의 은혜
철없어 천방지축 덤벙대며
날뛸때도 참으시고
기다리신 님

청년의 철들 나이 임하고
한 올 두 올 빠진 대머리
만남으로 행복 만든 환경
아들 딸 택한 백성
빈 예배당 가득히 채웠다

목회초기 아는 것 없고
갈 곳은 많으나
청하는 이 없었는데

목회 20년 할 일 많고
오라는 곳 많아도 시간 없어 못갔으니
매일 죄인처럼 지냈다

목회 30년 된 지금
청하는 자 많고 때론 시간있어도
몸이 따라 주지 않으니
인생은 부족으로 시작
연약으로 끝나겠구나

지식없고 시간없고 건강없으나
전능자 능력 온전히 믿고
창립 30주년 감사 찬송올립니다.

철없어 천방지축 덤벙대며 날뛸때도
참으시고 기다리신 님

떠나는 이의 뒷모습

자유를 얻은 당신아
매이지 않고 오고 가나
함께 하자

잡고 싶지만 선행이 억지될까
부담없이 보낸다만

가는 자유 주신 님
머물고 오는 자유도 주었으니
만남의 기쁨 누리며
함께 성화 이루자

헤어짐의 허전함을
체험자만 알리니
가슴으로 낳은 사랑의 사람
한 마리 나비되어 떠나
뒷모습 보일 때면
남몰래 우는 가슴
사랑의 천(川) 되었단다

심령의 매임 받아 심기어진
목양의 십자가 위
생명 쏟아 옥토되는
순종의 길 가자

영생 복락 행복의 나라
누림의 복 함께 참여하자.

당신은 나의 분배

당신의 얼굴에 기쁨없이
설교 시간 고개 숙였다가
축도 마치기 무섭게
밖으로 나가는구나

당신이 교회출석한 지
꽤 된 듯 한데
손 한번 잡지 못했구나

적응하기 힘들다는 말
종종 들리는구나

나도 때로는 내 마음에 들지 않아
긴긴밤 눈물 흘리기도 해요
마음에 안드는 것 지극히 당연한 것
당신 자신도 마음에 들지 안잖아요

님이 당신 보배로 보게 하니
어쩌면 좋아요
당신의 연약은
나의 무능을 보게 하는
거울인걸요

당신이야말로
님의 사랑과 보살핌을 필요로 한
나의 보배랍니다.

날마다 말씀으로

매주 토요일 밤이면 여러 가지 많은 생각에 사로잡힌다. '내일 사랑하는 성도들에게 필요한 말씀으로 만나 주어야 될텐데'라는 고민과 성도들에게 잘 만나 주기엔 부족하다는 마음 때문이다. 침대에서 조차 무릎을 꿇고 머리를 베개에 묻고 신음하듯 기도를 한다. 하나님의 넓고 크고 오묘한 지식과 사랑의 권세를 잊어버리게 되면 금세 찾아오는 불안과 초조가 실타래처럼 뒤엉키는 여러 가지 생각들이 가시밭되어 내 마음에 엄습해 온다. 남을 사랑 할 수 있는 여유도 없다. 미래에 대한 기대감도 없이 뭔가 그냥 편하게만 지내고 싶은 생각에 사로잡힐 때도 있다. 그러나 그것도 잠시뿐 "내게 맡겨라, 너는 할 수 없지만 나는 한다."라고 말씀하신다. 삼손의 손에 들여 있는 당나귀 턱뼈, 홍해를 가르는 모세의 기도, 요단강을 건너게 하는 법궤를 맨 제사장의 발걸음을 믿는다.

물댄 동산

말세의 때
택함입고 부름받은
님의 사람들
크신 능력이신 분 품 안에
온몸 맡겼네요

흑암 세상 등불 빛으로
디아스포라 부르셨네요

전능자 형상 닮게
빚어주심의 섭리
거룩한 성품 입혀
성령 열매 주렁 맺으며
행복의 환경 만드셨네요

육신입은 님의 입술
풀피리 되어
신비하고 아름다운
노래 이루소서

오직 성령으로
부활의 증인되도록
모인 모두에게
큰 은총 임해
물댄 동산되게 하소서.

큰 은총 임해
물 댄 동산 되게 하소서

소원하노라

과거 실패 한 번에 끝나고
믿음 있으면
새로운 세계로 올라 가리니

학대 피해망상으로
인생 꽉 차 있으면
하나님의 생각으로
인생 바꾸라

부모인생 바꾸지 않으면
잘못된 것
자손대대 연결되니

입을 넓게 열라
과거 실패의 장막
뛰어 넘어라

지식의 부족
뛰어 넘어라
건강 물질 환경으로
자질을 뛰어 넘어라

신앙연조 직분 지식 등
믿음있게 보이는 도구되고
교권 명예 세속
올무 될까 조심하며
오직 성령으로
환경 변화시키는
참신자 되기 소원하노라.

함께 간다

이곳저곳 두리번 거리다
마음에 들지 않는 것 고쳐보려다
열도 받지만 그것도
세상의 아름다운 조화임 알아
공존함이 행복이구나

작은 키는 큰 키를 돋보이게 하고
큰 키는 작은 키의 아담함을
부러워하는구나

장애 질병과 동행하며
기도와 성화의 씨로 삼고
더불어 살며
가는 데까지 함께 가자구나

말씀밭에 심은 곡식
가라지도 함께 자라나
추수 때까지 기다리고
몸에 건강과 질병 함께 공존하니
건강 키우며 질병 누르면서
가는 데까지 가다
육체의 짐 벗고
천국으로 함께 가자구나.

Chapter 2

감사의 옥토

감사하는 마음에는 불신과 절망과 좌절이 들어 올 틈이 없습니다.
소망과 행복과 기쁨이 솟아납니다.
감사로 심고 감사로 물을 주면 사랑의 싹이 나옵니다.

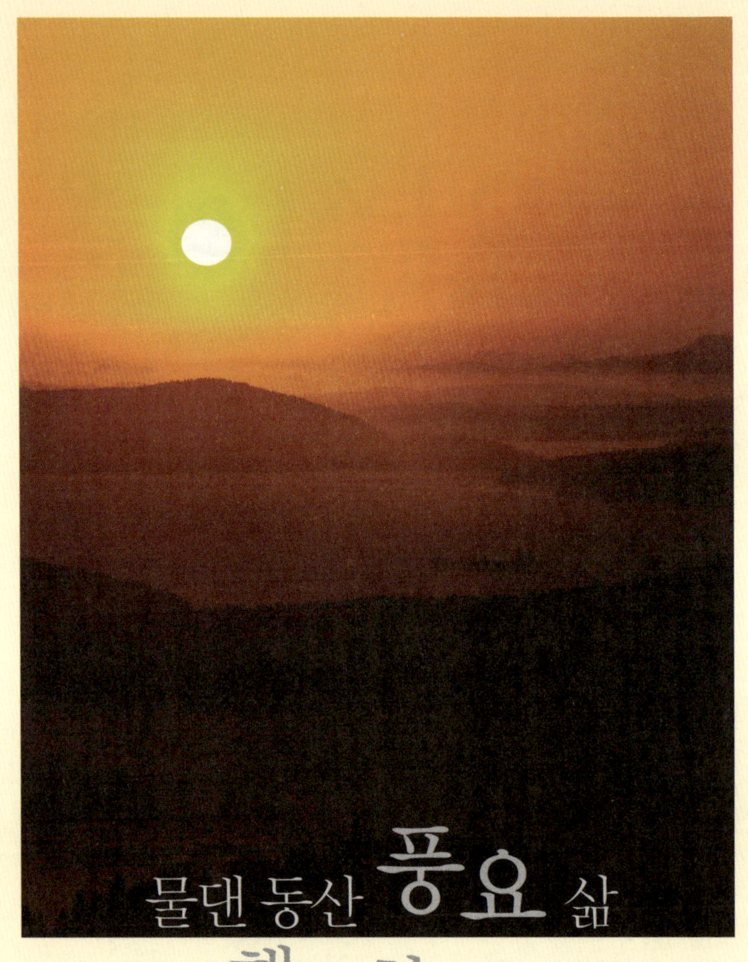
물댄 동산 풍요 삶
행복한 해 되겠구나.

행복의 텃밭

동녘 태양 어둠 삼키고
질서와 행복의 옥토 가꾸어라

새해
새 마음에서 떠오르고
선행
섬김으로 피어나거라

평화 화목 꽃 만개한
낙원 조성하는
선한 백성되려무나

어둠 물러가고
편견의 사고 아집의 권력
불화와 투쟁의 소식 없어져라

붉은 악마 이름 떼고
꿈의 한국 이름 달아
백의민족 기상 세워
진리 정의 횃불 들고
사랑 번영의 열매 주렁
물댄 동산 풍요 삶
행복한 해 되겠구나.

빛 향기

눈꽃 살며시 사라진 곳
소망의 꽃 송이송이 만개하고
꽃 빛 향기 행복 감사 품어
온 맘 휘어 감으며
지화자 춤추게 하는구나

고난의 태양 서산 너머 숨고
믿음 소망 사랑 안은 태양
부스스 일어난다

희망의 새해 타고
첫사랑 살아나니
당신아!
너도 사랑 여울에 곱게 핀
한 송이 백합화 되었구나.

온 맘 휘어 감으며
지화자 춤추게 하는구나

황사

하늘 창 새어
방울 물 뚝
점맹이 검은 흰색 미세가루
구멍 채워질까 꼭꼭 숨겨
통머리 버거지
이놈의 눈도 헷갈린다

푸른 식물 떠난 황당한
심술쟁 매달려
산 넘어 물 건너
속속들이 덤벼든다
아유!
한줄기 비 임하소서

눈구멍 들어가 썸벅썸벅
손봉사 불러댐
차마 못 보겠소.

봄 낙엽

가을 화려함
바람나래 달고 공중 날다 조용히 내려
후미진 곳 소복이 모여
엄동설한 지나 눈 이불 살며시 걷고
봄 태양 맞으며 자신 드러내니

검고 기죽은 모습
슬픔의 씨되어
흙으로 얼굴 묻고 온종일 울다
땅이 토해내는 새싹
가슴에 소망 붙잡힌다

가을낙엽 만큼
바람나래 달고 날지 못하나
현실의 때 알아
자족의 맘 길리운다

썩어지는 낙엽 보는 눈 닫고
돋아나는 새싹 보는 눈 열어
소망과 영원을 노래하며
봄 빛에 행복을 키운다.

주님이 하시기에 가능한 일

때로는 많은 사람들이 복지하고 열정적으로 목회하는 것을 보면서 내게 특별한 은사와 능력이 있는 것으로 안다. 그러나 내겐 특별한 은사도 능력도 없다. 하나님이 죽었던 생명 살려 주셨으므로 최선을 다하여 생명 운동을 할 뿐이다. 나는 부족하다. 그러나 큰 일을 할 수 있다. 내가 하는 것이 아니라 주님이 하시기 때문이다. 너무 무리했는지 온 몸이 쑤시고 아프다. 그러나 주님이 주신 사명 감당할 수 있도록 건강을 주실 것이다. 그래서 무엇보다도 영혼 구원의 일을 하게 하실 것이다. '저 가로등이 무슨 에너지가 있겠는가!' 발전소에서 보내는 에너지를 받아 반사할 뿐... 마찬가지이다. 나도 나를 비우고 주님이 보내시는 그 에너지로 이 땅에서 순종하며 살고, 길을 잃은 생명에게 빛을 안내 할 뿐이다.

입히어라

봄 찾아오니 파란 잎 틔우고
목련 개나리 만발하구나

피어난 잎 꽃들의 향연
낙엽되고 시들어가니
만남은 이별의 씨앗
헤어짐도 만남의 시작되는구나

봄 지나 여름 건너
가을 오기 전
행복의 밭 함께 일구어 가자

늙어 육체 흙으로 가기 전
거룩의 옷 입고 입히어라

사랑하는 이들아!

노병의 눈물

유월의 정열 성숙할 때
나라 위해 몸 받친 전우야
그날의 포성이 하늘을 진동 시킨다

동족상잔의 피는 한탄강을 붉게 물들였지만
자녀 남편 잃은 여인의 소복은
세월에 밀려 사라졌구나

애매히 팔려가
남극의 하늘아래 정글 속에 흘린 피
국립묘지 왜소한 돌비석 되었구나

육신 가진 자 힘의 논리에 살아가니
백의민족 순수함 붉게 변하고 역사의식 묘연해
노병은 또 한번 눈물지으며 애 태운다.

'님의 능력으로 나의 조국 세우소서'

감사해요

폭염이 쏟아지는 자연의 아름다움
볼 수 있는 눈 주심 감사해요

이마 등골 온몸 송글송글
땀방울 솟음
살아있는 증거 느끼게 하심 기뻐요

여기저기 돌볼 사람 많아
삶의 보람 느끼게 해 행복해요

더위 피할 수 있는 환경
시원한 물 마실 수 있음 감사해요

과일 열매 잘 익어
당도 높게 해 주심 기뻐요

님이 주신 모든 환경
감사의 조건되고
성령의 은혜 입히심 행복해요

힘들고 외로울 때
십자가 위 벗은 몸으로 돌아가신 님
고난과 삶의 좋은 모델 되심 감사해요.

불타는 산

산이 불탄다
구름 춤춘다
불꽃 만발하다
푸른 하늘 높이

산이 불탄다
연기없이 훨훨타다
재 한줌없이 낙엽 뿌리 덮는다

불타는 숲속
조용히 걷자니
발 밑 바스락 거리는
낙엽들 속삭임
깊이 잠든 시심을 깨운다

참나무 밑 오가는 다람쥐
"길손 아저씨
도토리 알 주워가는 할매들
말려 주세요."
작은 바위 상큼 올라
손 비비며 애원한다

불타는 산
낙엽지고 눈꽃 만개할 때
추위 이기려 더욱 불태우며
열을 저장한다.

발 밑 바스락 거리는
낙엽들 속삭임

어둠속의 가로등처럼 빛으로 살자

고요한 밤 멀리 바라보이는 가로등 불빛이 길을 밝히고 있다. 12층 아파트 창가를 향한 책상 앞에 지난날들 수없이 만난 이들과의 사랑하고 기도했던 추억이 피곤과 함께 밀려오는 졸음을 쫓고 펜을 잡게 한다.

군포에 내려와 천막교회 안에서 만난 사람들, 가정교회에서 만난 사람들, 이층교회, 단독예배당에서 형제처럼 다정하고 가족처럼 흉물없이 지내던 이들이 훌쩍 떠나 세속의 늪에 빠져 가정이 해체되었다는 소식을 들을 땐 고통과 인생의 서러움이 나를 점점 작게 만든다.

서로 믿고 의지하며 검은머리 하얗게 바래도록 살다가 조용히 떠날 수는 없는가? 예수그리스도의 사랑과 복음은 변치 않는데 우린 왜 자꾸만 변하는가? 이 늦은 밤 성경을 묵상하며 그 답을 찾는다.

광복절에

억압을 맛본 자
자유의 소중함 알아요

배고파 본 자
음식의 소중함 알아요

억압 전쟁 배고픔을
온 몸으로 체험한 이들이
보는 8·15

태극기 흔들지 못하는
축하행사

누구를 무엇을 위한 것인가!
조용한 질문에 누가 답할래요

아버지의 친구는 돌아서도
대적이 자녀의 친구되니
노병이 보는 8·15
서운함을 전능자 앞에 기도하며
애국의 가슴을 채우는구나.

감사

감사는 사람됨의 인격이요
구원받은 백성의 열매

감사는 삶의 호흡이요
택자의 능력임을 아는 지혜

심지 않으면 거둠 없듯
주지 않으면 요구함 없는

거둠의 보장은
심는데서 시작됨이
님의 큰 교훈이니

감사향기로 피어오른다.

희망 잃어가는 **농촌**
10년 후 고향 고민하며
고향을 등지는구나.

고향

흐르는 세월
떠나버린 산새
거칠어진 대지 위
황량함이 더하구나

동심 키운 가옥 폐허되고
앞뒷집 새댁 노파되어
그늘나무 밑 힘없이 앉았구나

구릉너머 부모산소
오랜만에 찾아오니
반세기의 흔적 보여지는구나

길 옆 아주매 무덤 지나 보니
애송이 노송되고
하늘 높이 찌르니
거미줄 앞길 막는구나

억세풀 잡풀 헤치며
찾아간 무덤
벌초 기다리는 세월
자손없는 산소처럼
슬픔만 가득하구나

잊혀지는 은혜 삭막한 세상
아이없고 노인만 있으니
희망 잃어가는 농촌
10년 후 걱정하며
고향을 등지는구나.

행복 노래

등불 말 아래 두지 않는
님의 뜻 알아
불 밝히어라

큰 성공 꿈꾸며
현실에 충실한 지혜
님이 나리우신 선물이구나

머리는 하늘에
발은 땅에 충실하고
부지런히 섬기며 자족하여

님의 관심 내 관심 삼아
영혼구원 이루어라

십자가 길 지나
조용히 열리는 부활의 문
향하는 너여!

아픔 곱씹으며
육체 흙으로 녹아내린
허무의 눈 닫고
좁은 길 낙원 누리는 길로
길손의 행복 노래하려무나.

님이 나리우신 선물이구나

자녀의 자녀됨은 하나님의 은혜

"아빠 이젠 몸 좀 생각하세요, 요즘에는 얼굴에 기름기가 없어요, 아빠만 건강하면 우리가족 어디가도 문제없어. 우리 유학 갔다고 돈 많이 보내 주려 하지 말고 교회부흥 하는 것 보여 주는 것이 더 큰 힘이 되요. 지금까지 잘하셨으니까 앞으로도 잘하시리라 믿어요."라며 떠날 준비를 하는 딸이 대견스럽다. 태중에서부터 개척의 고달품을 함께 경험한 딸이다. 유치원 다닐 때부터 피아노를 치더니 초등학교 5학년부터 지금까지 반주를 하였다. 어린줄만 알았던 딸이 이젠 나의 위안이 된다.

하늘 땅 축제

검은 화선지에 별빛 흐르니
동방박사 맘 사로잡혀
발걸음 산 넘고 물 건너는구나

아기예수 누우신 구유
천사 찬송 기쁨의 가슴
생수되어 반석 위로 터지는구나

오! 사랑의 님 오신 날

빨간 가슴 부풀어
님 나리우신 사랑의 강
헤엄치는 성탄되는구나

베들레헴아! 아기 예수 나실 곳
제공할 둥지 없었더냐
칠흑빛 맘 가리워
세상의 빛 모르는구나

사랑하는 자야!
하늘 땅 축제하며
님 경배하는 소리

"하나님께 영광이요 땅에서는
하나님이 기뻐하신
사람들 중에 평화로다"*

님의 백성 모인 곳
님의 은총 임하는 해 되었구나.

* 눅 2:14

노심의 소리

처처 말세 징조
분쟁 불안의 기운 엄습한다

이상기온 임해
지구 신음하고
빛 소금 제맛 잃어
거룩의 형체 있으나 능력 없으니
불 꺼진 화로구나

백성위한 지도자
아집 고집 가득하다는
노심(老心)의 소리 듣노라니
가시나무 슬픔에 한숨 짓는다

하루 두날 가라!
르호보암 정권형태 분열 징조
다윗의 선행 묻혀지니
길 떠나는 지혜 임하는구나

구름 위에 앉은 이들
내려올 그날 후회없도록
땅 아래 백성소리
귀담아 듣는 지혜 임하기를
손 모은다

이래도 저래도
화를 복되게 하시는
님의 능력입어
감사와 희망 가슴에 품고
사랑노래 불러보노라.

인생의 겨울을 준비하는 자

새로운 것은 없다. 바울의 고백대로 나도 매일 죽는다. 매일 욕심을 죽이고 세상을 뒤로하고 병들어 세상을 포기 했던 그 때의 모습으로 돌아간다. 처량하게 하나님 바라보면서 "하나님 내 병을 고쳐 주시면 열심히 살겠습니다."라고 서원한 그 고백을 떠올린다. 그러나 그것도 잠시뿐 천년만년 사는 것처럼 죽음을 준비하지 않고 눈에 보이는 환경 따라 점토에 점토를 가하고 가옥에 가옥을 더하려는 욕구가 있지 않는가.

가로등 옆의 가로수처럼 겨울이 올 때에 가로등 불빛으로 인하여 하루 이틀 더 연장하기 위하여 발버둥치는 낙엽을 본다. 아무리 잘 먹고 운동한다 할지라도 인생의 겨울은 온다. 아무리 견디려 해도 겨울 오면 낙엽지듯 인생의 노년은 오고야 만다. 차라리 짓밟히고 산다 할지라도 평화롭고 감사하며 사람답게 기쁘게 살아보고 싶다. 뜨거운 마음으로 살아보고 싶다.

공 하나 향방에
웃고 우는 인생이
조물주 창조의 목적인가!

축구와 인생

자그마한 공 하나
사력 다해 차고 막고
꼴문 향해 넣고 막고
편 갈라 응원하니
승패의 시비 하늘 찌르는구나

붉은 옷 입고 악마라 이름 붙혀
펄펄 뛰는 젊은이들
축구 끝나면 무엇하겠나
공 하나 향방에
웃고 우는 인생이
조물주 창조의 목적인가!

내일 꿀 꿈 보지 못하는
젊은이 보노라니
심신의 피곤 엄습하는구나

사랑의 님 불꽃같은 눈으로
역사의 물레 돌리며
선한 길 인도함 알아
어둠 속 빛의 인도 믿으며
행복을 노래하노라.

겨울바다

하얀 모래사장 텅 빈 공간
길손은 발자국 남기며
터벅터벅 걷는다

해송은 바람에 손 흔들고
하조대 바위 위풍당당히 등대안고
밤을 기다리는구나

갈매기 하늘 날리우고
반석 향해 칭얼대는
겨울바다는
햇빛 반짝이며 어부의 뱃길 연다

옷깃 스며드는 찬바람
내 가슴 겨울바다 만들려 하나
님 은총 나리움 체험되니
여름바다 화려함 다가오고
행복의 노래가 호흡 되는구나.

태양을 향해 손가락질해도 사랑하리

질병이 나를 공격 할 때 미련과 실망의 눈물을 흘리기 전에 건강한 지금을 감사하며 예전에 더 아팠던 때를 생각한다. 또한 많은 성도들의 아픔을 위해 기도하며 항상 나를 포기 하면서 겸비하려고 한다. 그리고 주님 품 밖에서 죄와 사망에 허덕이며 영원한 세계 주님품 안에 안기고 싶어하는 이들을 잘 인도하고 싶다.

남의 아픔을 내 아픔으로 내 아픔을 성화의 재료로 삼으려 한다. 흘러가는 육체, 풀의 꽃과 같은 명예, 그 아무것도 영원하지 못하는 것에 매이지 말고 세세토록 영원한 것을 위해 내 인생을 온전히 맡기며 주님이 주신 사명 조용히 감당하고 싶다. 영혼을 위해 조용히 기도하며 흙으로 돌아가기까지 평안을 가지고 살리라.

Chapter 3

사랑의 옥토

도저히 용납할 수 없는 사람을 용서하며, 죽을 힘을 다해 살게 하는 힘! 바로 사랑입니다.
사랑은 하나님의 안목으로 사람을 보게 하며, 씨앗 속에 있는 생명을 세상 밖으로 끌어냅니다.
사랑은 관계를 아름답게 하며 영광의 열매를 맺게 합니다.

사탄의 속삭임

공생애 들어가기 전
광야 찾아 40일 금식
육 가진 주님도
허기짐의 절정
사탄이 알았구나

돌덩이로 떡 만들어
먹으라 속삭이나
"사람이 떡으로만 살것이 아니요
하나님의 입으로부터 나오는
모든 말씀으로 살 것이라"*

육체 소생시키는 양식 보다
말씀이 영혼 양식임 알아
사단의 유혹 물리치는구나

*마 4:4

지금 필요한 물질로
육신의 필요 채우란
유혹 이기게 하는 님
성령주사 물질에 자유하는
말씀의 종 삼으소서

배 곯아도
몸 아파도
그 무엇보다 님의 진리
순종길 좁은길로 자족하며
행복노래하며
조용히 가게 하소서.

생명을 사랑하는 겸손

'나는 날마다 죽노라'*라는 바울의 음성이 들린다.
대적이 나를 친다 할지라도 나는 하나님의 종으로
나를 날마다 죽이는 그 고백 밖에 할 수 없다.
아무쪼록 하나님이 맡기신 생명을 사랑하고 겸손하리라.
한 알의 밀 알로 썩어 가리라.

*고전 15:31

갈릴리 형제

아름다운 워커힐 한강 허리 보면서
님의 피로 맺어진 형제들
가슴 열어 사랑의 맘 주고 받으니
만남의 소중함 느끼며
오늘도 만남의 한 올 맺으며
또 한 올 만들어 가는구나

갈릴리 호수 고기 잡던
평범한 서민 일깨워
제자 삼으심 보면서
순수하고 섬김의 능력만이
아름다움임을 알아
사랑의 손 굳게 잡고
고귀한 만남 주신
형제들의 섬김이 세상의 빛 되겠구나

아, 님이여!
질서와 사랑의 형제들 위에
은총 내려 주세요.

갈릴리 호수

새벽의 갈릴리 건너 산 너머
태양 붉은 이불 펴고
조용히 일어나고
밤새 외로웠던 갈매기
빛이 오는 길 춤추고 노래하며
날개로 어둠을 쫓는구나

솔바람 갈릴리 호수 어루만지니
일렁일렁 간지럽나보다

두 천년 전의 그날
밤새 헛수고 빈 배로
새벽 맞은 제자 찾아주셔서
깊은 곳에 그물내리라 하심
순종하는 이들
그물 가득한 고기

전능자 능력보는 눈 열려
부활의 님을 보는구나

님이여!
빈 배 인생에
님의 은혜 감사하며
님의 발자취 더듬으며
새로운 각오 가슴 깊이 싹틔우니

말씀만 하소서
순종하겠나이다.

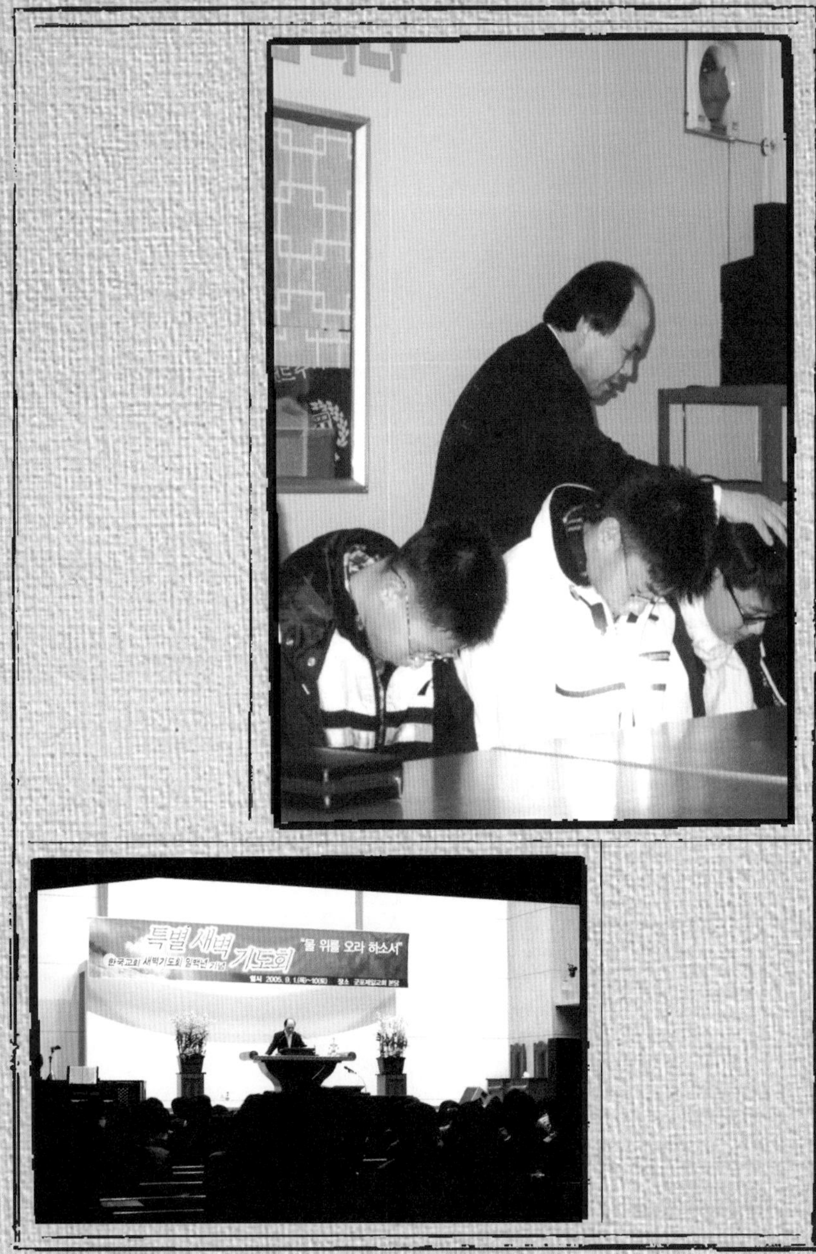
특별 새벽 기도회
"물 위를 오라 하소서"
한국교회 새벽기도회 일백년기념
일시 2005. 9. 1(목)~10(토)   장소 군포제일교회 본당

누구를 향해 입을 열며
마음을 열어야 하나

이제는 사람을 따라 다니는 것이 아니라 하나님의 손에 붙들리리라. 그러면 사람이 와서 원하는 환경을 만들리라. 내 모습은 추해지지만 하나님이 주시는 영력과 사랑은 날마다 새롭고 아름다워지리라. 나를 찾아오는 사람을 행복하게 해 주리라. 나는 그들을 위하여 하나님께 헌신하리라는 것을 깊이 마음속에 아로 새기며, 떠나는 사람은 축복하여 보내고 오는 사람은 행복하게 해 주리라는 마음에서 다시 한 번 깊은 묵상에 사로잡힌다. 사람은 나에게 실망을 주지만 그들 모두는 사랑의 대상이다. 사람들이 나를 좋아한다고 좋아 할 것 없고 사람들이 나를 싫어한다고 슬퍼할 것도 없다. 오늘 한 날 사람의 기대 속에서 살았다면 실망의 구덩이에 빠져 허덕일 것이다. 그러나 하나님을 믿음으로 내일을 위하여 조용히 준비한다.

님의 길

사랑 입은 이들
갈릴리 호수에 가지런히 배 띄워

"나를 따라오라
내가 너희를 사람 낚는
어부가 되게 하리라"*

사랑의 주 음성
가슴에 배어들고
물위로 걸어 다가오신
님 얼굴처럼
행복에 젖는구나

물의 다정함에
신령한 형제부부들
배에 몸 실으니
갈매기 공중 날리우고

선상의 기도
님의 가슴으로 사랑 잉태하고
선상의 찬양
하늘로 피어 오르는구나

"나를 사랑하느냐"**

물 앞에 죄인된 자신의 모습
더 확인되니
회개의 눈물 코 밑에 묻어나는구나

갈릴리로 오신
님의 섭리 깨닫고
감사의 머리 조아리며
갈릴리 호수 배따라
님의 길 가는구나.

*마 4:19 **요 21:16

가이사 빌립보

어둠 속 한줄기 빛
비추었어요

우상의 전당 앞
따름과 섬김의 대상
요단강 발원시켜
고기 낙원 만드시고
요단강 세례 받으시고
성령 임한 체험하셨구나

진리의 발원지
복음의 생수 토해내어
온 인류 구원의 기쁨 소망
주시네요

십자가 큰 사랑
가슴 샘되어
사랑 흘러내어 세계민족
살리는구나.

사랑 흘러내어 세계민족 살리는구나.

동행의 누림

헬몬산 가슴 가지런히 품은 호수
산자락 가득 과수원
달콤한 사과 열려 주렁
사람들 기뻐하는구나

하얀 눈 너울 쓰고 변화 산 높은 곳
님의 발자취 증언되었구나

두루족 사람 옹기종기 모여
동리 이루고

골란고원 푸른 들녘 소들 거닐고
님 믿는자에게 능력 입히어
동행자 만큼 누리게 하신 님
삼환이형 함께하니 형제 모두
가는 곳 마다 큰 기쁨 행복
님의 은총이구나.

*삼환이형 : 김삼환 목사(서울 명성교회 담임목사)

왼쪽 윗줄부터 안준배 목사(분당마을교회), 최낙중 목사(해오름교회), 이재창 목사(수원순복음교회), 김삼환 목사(명성교회), 백주석 목사(포도원교회), 강헌식 목사(평택순복음교회), 최승일 목사(수원목양교회), 권태진 목사(군포제일교회), 박응순 목사(주안중앙교회), 민규식 목사(성암제일교회).

가지 많은 나무의 고민

가지 많은 나무에 바람 잘 날 없다는데 '어떻게 그 많은 성도들의 문제들을 이렇게 걱정만 하고 살아야 되는가'라는 생각을 해본다. 그러나 그 역시 나의 믿음 없는 연고의 한 부분이다. 내가 온전히 하나님께 맡기고 하나님의 종으로 모든 문제를 해결하면 된다. '종 이상 주인이 되려고 하는 부분이 있지 않는가'라는 생각을 해보면서 다시 한 번 모든 것을 하나님께 맡기고 범사에 감사하며 마음에 평강을 가지고 지내기 위해서 기도한다.

골고다에서

택한 백성 구원위해
아들 보내신 아버지
실패 같은 약한 모습
천한 장소 별빛 반짝 고요한 밤
거룩케 하셨네요

평범한 가정 아들
30년 세월 인간의 삶
본 보이셨네요

40일 금식의 강 건너
시험의 징검다리 사뿐히 넘어
공생애 갈릴리 어부 제자 삼아
3년 동거 동식
시련 핍박 중 낙심없어
사랑심어 아버지 뜻대로
삶의 본 보였어요

죄값 사망 빚 갚으려
골고다언덕 십자가 위
승리의 길 가셨네요

"다 이루었다"*

세인의 눈에 닫힌 승리
님의 눈에 열렸어요

골고다 승리의 장소 고난의 길
님 보화 보며 가는 순례의 길
행복과 감사만 있네요.

* 요 19:30

갈릴리 호수

산들의 동리
해변 서성이다
갈릴리 호수 배로 물 가르고
선상 신령한 곳
새술 취해 일렁인다

꽉 막힌 심통 회개길 통해
하늘 솟아 눈물의 감격
하얀 갈매기 날개 지어
태양 꽃 붉은 용광로
땅거미 질 무렵
산들바다 위 걸어
사랑 입은 자 본 듯한 추억
물길은 어둠의 이불 덮고
외로운 갈매기 한 마리
밤하늘 성지순례
숨겨진 신광(神光)의 눈 열어준다.

마사다에서

다윗의 시심 일깨워
마사다 여호와 주신 요새로 토해내고
헤롯대왕 철옹성 만들 때
헛되이 흘린 땀방울
그 얼마만이었나

지상 800m 산 위
건설된 왕의 처소
이스라엘 백성 피난처
삼기 원했구나

로마왕 디도장군
긴세월 쉼없는 공격 앞에
죽음으로 승리했구나

하늘 아래 마사다
영원하지 못하며
악인의 승리욕구
시체 돌려보는 허탈감만 더했구나

60년대에 잠 깬 유적지
철선타고 온 순례자께
흔적으로 답하는구나

로마군인 막사와 담들
죽고 죽이는
인간의 타락성의 저주스런 모습
마사다 정상위에서
오염된 나 보면서
물질 명예 이성의 마사다 허물고
님의 품의 마사다를 소원하노라.

긴 세월 쉼없는 공격 앞에
죽음으로 승리했구나

군포시장상(노인복지기여부문,
2000)

대통령표창(사회복지활동 유공자,
2001)

사람 속에서 나누는 주님의 사랑

'너를 사랑하는 자를 사랑하면 무슨 상이 있겠는가 불신자들도 그렇게 하느니라 너를 미워하고 너를 저주하는 자까지라도 선대하며 핍박하는 자를 위해서도 기도하라'고 하시는 하나님의 음성이 나에게 사랑의 불씨를 던져주고 있다. 사람이 좋다. 하나님의 형상으로 지음 받은 사람이 좋다. 사람을 좋아하는 것은 하나님이 나에게 주신 선물이다. 물질 능력을 가지는 것보다 권력이 있는 것 보다 사람이 좋아서 사람 속에서 주님의 사랑을 나누리라.

골란고원

말로만 듣던 골란고원 올라
원근(原根) 아름다움과
전쟁의 상처 보노라

머리된 헬몬산 하얀눈 너울 쓰고
젖가슴에 호수품고
과수원 휘어 감았구나

고원자락에 소떼들 입히우고
여기저기 시리아 군인막사 총상입고
그 날 다툼의 참상 속에
탱크의 잔해 서러워 울고 있구나

저만치 보여진 두루족 동리들 적막하나
공터 펼쳐진 장터는 삶의 의미 더한다

골란고원 온몸으로 솟아내는 정은
갈릴리 호수에 생명을 불어 넣는구나

님이여!
이 좋은 곳에 평화를 주소서.

이 좋은 곳에 평화를 주소서.

골프장에서

파란 잔디 가지런히 밟으며
하얀공 새처럼
하늘만큼 날리우고
두런두런 대화하는 이들
도박판처럼 신경 날새우는 이들
천천히 걸으며 행복해 하는 이들
한 길 가나
마음 표정 색색
누림도 차등있구나

저만치 잔디위
목적지 알리는 기대
바람에 나붓낀다
그림에 그 옛날 조밭 김매는
어머니의 뒷 모습의 잔상 살아난다

머리에 하이바쓰고
잔디 고르는 노파의 모습통해
동심의 어머니 살아나
어머니의 사랑 헌신
고생하셨던 그때
철부지 효도하지 못한 서러움
왈칵 눈물 난다

남은 알지 못하나
마음 속으로 화산 터져
용암 눈물흘림 자신만 안다
작아도 큰 거인 자그마한 어머니 품은
지금도 그리워하는 나의 마음에
요새요 님의 품 같구나.

수마의 길목을 보면서

장마 끝나니 불빛 더워
대지 달구고
수마 길엔 앙상한 돌
농부의 수고 땀
송두리째 앗아가
서러운 한숨 토하는구나

에덴을 벗어난 아담부부 앞
가시와 엉겅퀴 낸 이유 무엇인가
왜 님은 인간에게
홍수의 아픔을 주셨는가

님의 조화로운 작품에
누가 생각없이 훼손했는가
아름다운 심산유곡에
우상들 집합하고
평화로운 물길

인간 이기주의로
길 동리 만드니
신비 기능과 세속 기능
충돌의 현장
교육 지혜를 배워주는구나

지혜자야
순리대로 자연과 조화 이루고
님의 정원 훼손 말자
아픈 상처 붉은 피 토해내지 말자

자연보호는 자신 보호
수마 길 보면서
더욱 깨닫는구나!

점점 좋은 것과 점점 나쁜 것

어떤 사람이 맛있는 음식을 먹고 있었다. 처음에는 좋은 음식이 나왔는데 점점 나쁜 음식이 나오더니 마지막에는 돌을 씹었다. 그 사람은 식사를 마치면서 결코 좋은 인상을 갖지 못할 것이다. 우리 인생도 한 번 돌아보자. 어릴 때나 젊어서는 잘 지내다가 나이가 들수록 환경이 점점 나빠져 노년에 홀로 외롭게 된다면 삶을 어떻게 평가될 것인가!

사후의 불확실 때문에 육신적 고통 뿐 아니라 죽음의 두려움까지 밀려올 것이다. 그러므로 지금부터 노년을 준비해야 한다. 노후적금, 연금 등 경제적인 것도 준비해야 하지만 그것은 불완전하다. 가장 안전한 것은 사후세계의 천국의 누림, 구원의 확신이다.

홍수 현장에서

푸른 숲 속살 파고 둥지 틀어
자연의 아픔 외면한 개발의 상처
하늘 울음에 피를 토하는구나

붉은 물 바다 향하나
나무들 물 길 막아
갈길 포기할 수 없어
이곳저곳 할퀴어도 불만족해
님의 형상 닮은 사람도
안고 갔구나

물길에 부모 잃고 수마(水魔)길
덧없는 자녀 한숨 땅 꺼지고
뼈중의 뼈 살중의 살 잃은
아픔이 온 몸 저려오는구나

수마의 광란의 현장 보노라니
인간의 상심으로 오는 허약함
바벨탑 쌓듯 자신 뜻 추구한 죄
사별의 아픔이 상처구나

님이여! 풀같은 인생 꽃같은 명예
뛰어넘는 지혜 영원의 소생길, 회개
심신의 은혜로 위로와 행복 누리는
물댄 동산되게 하소서.

토네이도의 교훈

사람 물체 자신 의지 관계없이
날고 뒹글고 파손된다

누구나 전능자의 영에 잡히면
환경 이성 관계없이
영혼구원 창조적인 삶이
그를 짓누른다

이성과 환경에 지배 받는 것 보다
복음 전하고 구제하고 돕는 것이
평안히 잠자고 노는 것 이상 쉬운 걸
썩은 송장 호흡 불가라면
산사람 호흡 중단도 불가란다

악인 선행 못함은
선인 또한 악행 없음
단물과 쓴물 한 샘에 솟지 못함
너 등신 아니니 알잖냐?

복음 전하고 구제하고 돕는 것이
평안히 잠자고 노는 것 이상 쉬운 걸

Chapter 4

영광의 옥토

씨앗이 땅에 떨어져 숨을 쉬고 생명력을 발휘 하려면 땅이 기름져야 합니다.
그 땅을 옥토라고 합니다. 기도는 우리의 삶의 터전을 옥토되게 합니다.
눈물 뿌리며 기도하는 심령에는 기적의 생명이 싹트게 됩니다.

응답의 하나님

내가 너를 붙잡고
존귀하게 쓰리라

너 돕는자를 보내 주며
내 종인 너를 나의 권위로
직분자 성도 세상 앞에
권위자로 당당히 서리라

택한 백성 온 성전
가득 채우리니
환경 너머 일하는 님 보고
감사하고 담대하라

나의 품에서
여유 담력누리며
착하고 충성된 종 되어라

고난의 이번 행로에
권위와 누림이 따라 오리라

너 남한 산성 밤 기도
듣고 보여준 환상
영원히 잊지 말거라

하얀 막대 끝 금십자가 든 아이
성난 황소 제압한 철장권세 입힌
나를 의지 하라

종아 서러워 말고
순종자 들어
머리 되게 하심 믿고
행복을 노래하라.

# 순종자 들어

머리 되게 하심 믿고

행복을 노래하라

27의 성숙

찬바람 문풍지 울린 세월
덧없이 흐를 뻔한 위기
긍휼 사랑 임해
추억 반죽 바구니
중년의 머리에 이고 돌산 오른다

신발 끈 졸라매고 돌부리 넘어
푸른 숲 박수 받으니
산등성 안개 같은 인생 안고
꽃 같은 명예 풀 같은 몸
우르르 당신 옳다고
경배할 줄 믿는 꿈 깨려무나

지난날 은혜로 살았다면
내일은 너의 날 아니요
현재가 님의 보호의 열매라면
묵은 날 새날의 종으로
찢어진 방충망 같은 세속 권력 믿고
평안할 줄 아는 장님

이젠 이십칠의 성숙함 안고
가시 엉겅퀴 밭 갈게 하신
행위의 보응임 알아
고난을 회개의 씨 삼고
오직 행복만 길리우려무나.

이 창립의 날에….

중독자

모두들 중독되어 산다
잠들기까지 무엇을 생각한다
생각 없는 자 평안하다 하나
새로운 일 이루지 못한다

자기 중독된 이들
자기만 위해 쓰려면
물질 중독되니
몸까지 팔아 버리는구나

일중독 사랑중독…
당신은 무엇에 중독되어
잠시도 당신만의 시간
가지지 못하나요

낮이면 복음 전하고
밤이면 기도하며
핍박에도 쉼없이 아버지 말씀 따라
십자가 상에 죽기까지…
님은 영혼구원의 중독자
아버지께 맹종자 되었으니
그 길 누가 잘못되었다 하나요?

님은 **영혼구원**의 **중독자**
아버지께 맹종자 되었으니
그 길 누가 잘못되었다 하나요

주님이 피워놓은 모닥불의 평온함

하늘은 반딧불만 빛나고 땅은 돌쩍밭같이 차고 지구가 도는 것이 피부로 느껴져 어르신들처럼 온 몸을 흔들어 보았다. 그러나 기도하는 마음으로, 하나님을 의지하는 마음으로 내 마음 속에 잔잔한 모닥불을 지폈다. 내가 피운 것이 아니라 주님이 피워 주신 주님의 모닥불은 추위와 가난, 그 어떤 것에도 영향을 받지 않고 사그라지지 않았다. 이 모든 것이 하나님의 은혜라고 말할 수 있을 것이다. 시간이 흘러 밤이 깊어갔다. 닭 우는 소리가 들렸다. 부시시 일어났다. 월남에서 사온 까맣고 가벼운 시계가 내 손목에서 4시 반을 가리켰다. 내가 해야 할 일이 무엇인가. 새벽기도였다. 찬송을 불렀다. 그리고 기도도 드렸다. 성경 한 절을 보면서 내 자신에게 설교를 시작했다. "할 수 있거든 무슨 말이냐. 믿는 사람에게는 능치 못함이 없느니라." 이 말씀으로 혼자 설교하기 시작했다. 서러움과 불안함 속에서도 주님이 주신 그 평안함을 어느 누구도 그 때의 그 평온을 상상하지 못할 것이다.

보는 자에게

장대 끝 불뱀 달아
뱀독 치료시킬 때
논리 밝은 잘난 놈 죽고

멍청이 되어 장대 끝 구리뱀
쳐다 본 이들
몹쓸 독병 소멸되어
형틀 달린 죄 대속 받고

큰 님 자녀 권세 받은 복
인류 속 행운아

벌레처럼 흙먹고 사는 자
하늘 뱀에 꼬막꼬막
방아깨비되면
좋은 일 즐비해짐
영통한 자는 알리라.

실버합창

하늘만큼 높은 자녀 사랑
헌 섬에 가득 담고
얼굴에 잔주름 만큼
희노애락 수고의 길 열어
생노병사의 오솔길
조용히 걷는구나

풀과 같은 인생
풀의 꽃과 같은 명예
가을바람에 시들어 떨어져도
님의 보혈로 살려 낸 영혼
날로 새로워
찬양으로 호흡하는구나

노년에 핀 행복 잔치
전능자의 화답이
은혜로 임하는구나.

한 해 박수와 섬김의 손
사랑가슴
아름답구나

행복의 역군

열매 가득한 나무되어
빛 가운데 거한 당신
한 해 박수와 섬김의 손
사랑가슴 아름답구나

성민(聖民)의 좁은 길
님이 동행함 알아
돌부리 발 상하고
가시밭 온 몸 할퀴어도
중단없는 여덟 해

십자가 어깨 짓눌려도
골고다 님 바라보며

피눈물 자아낸 아픔
오해의 늪
영생의 누림 씨 됨 알아
기쁨 감사 머금고 지냈구나

일어나자 성민의 가족들!
복지국가 행복한 사회
빛사랑 토하며
온 몸으로 빚어보자

행복의 역군들아
따뜻한 가슴
온누리 가득하도록
물댄 동산 아름다움으로
가꾸어 보자구나.

님의 도구 삼아 주소서

베데스다 연못 동하길
기다리다 지친 병자
나사렛 예수 만나
38년 된 질병의 결박 풀려졌어요

나면서부터 앉은뱅이 된 자
기도하는 베드로 요한 만나
예수의 능력 받아 일어났어요

아! 고마우신 님
우리에게 은혜 입히시려
큰 잔치 열어
성령의 사람되게 하시네요

사망이 생명에 삼키우고
질병이 건강에 삼키우며
슬픔이 기쁨의 씨됨은
지혜자만 깨달아요

님이여!
이 몸 받아 님의 백성 보살피는
섬김의 도구되기를 소원해요.

성도와 나는 하나

나의 약함이 성도의 약함이고 성도의 약함이 나의 약함이다. 또 하나님께
영광돌림이 우리 모두의 기쁨이고 한 사람의 슬픔이 우리 모두의 슬픔이라
는 하나의 지체의식이 건강한 교회로 가는 길이다. 이제 상처받은 부분들
을 씻어주자. 아파하는 부분들을 이해하자. 그리고 그들의 삶 속에서 쏟아
지는 분노 끓어오르는 고통을 백번 이해하고 하나님이 만드신 자연 그대로
아름다운 것을 보여주자. 또한 사랑하자. 모든 것을 주께 맡기고 소금되어
살자. 빛 속으로 발맞추어 가자.

일어나자

방울방울 물 개울 지나
호수되어 배 띄우니
산악 부르는 듯 내려다 보는구나

캄캄함이 진실 가리고
혼잡함이 질서 삼키며
가난이 부요 삼키고
폭력이 평화 위협하는 때

작은 힘 함께 하여 큰 뜻 이루고
작은 모래알 모아 큰 건물 이루고
또 한번 하늘만큼 큰 것 위해
작은 힘 보태어 보자구나

성민들아! 일어나자
방울방울 물처럼 작은 정성 쏟아
복지사역 참여하여
주는 자 복 있는 진리 체험해 보자.

하늘만큼 **큰 것** 위해
작은 힘 보태어 보자구나

등경의 불

세계성령화운동협의회 봉사상 축시

하늘 높이 뜨고
산악 색색의 옷 준비하니
가시둥지 알밤 잉태함 알아
긴긴 세월 기다리는 지혜의 사람

님 닮은 엄마 가슴 품은 인생
박토에 희생 심어 찬란한 꽃
피우는 세월되었구나

비바람 눈서리 견디며
향기 토하는 상록수의 인격

님이 기억하여 등경의 불 빛 삼으니
모두모두 감동 받아 존경의 박수 보내니
아름답구나!

김 후리다*박사님의 고매한 인격열매
고해의 시련 흘린 눈물과 땀의 결실
박토에 진주되었구나

시절 좇아 과실 맺는
물댄 동산의 낙원 기업 얻은 사람
면류관의 위로 누림
성신의 사람의 가슴에
곱게 피우며 축하하노라.

* 영국 출생, 교육학 박사, PLAYWAY원장, 세계성령봉사상 국제부문 수상(2005)

성령역사 일백년

제2차 성령역사일백년 신학 심포지엄 기념시

전능자 섭리속 님의 영
말씀사역 창조 조화역사
보시기 좋았어요

에덴의 행복 곱게 피어나다
유혹의 뱀지식 넙석 안아
실낙원(失樂園) 탄식 온인류 사망되나

회복의 어린양 제물 피
십자가 적시니 진리길 성령 바람
흑암 빛 사망 쫓고
빛 소금 맛 더하는 사랑
흑암에 잡힌 한민족 사랑의 영
일백년 전 평양
거룩의 불씨 지폈어요

성령불씨 불꽃되어
여의도 광장 음률 타오르고
일천이백만명 성도 살려내고
경제대국 이루었어요

창조주 뜻 성령 감동 받은 이들
맘, 입술, 환경모아 영 거룩하여
장대현교회* 변화된 체험
이민족 가슴속 횃불로 타오르고
성령열매되어 첫사랑 살려냄, 소원
신학심포지엄 열게 했어요

감사 사랑 행복 아름안고
영원 노래하며 물댄 동산 가슴 깊이
생수 넘치게 하는
제 2의 세계성령운동 일어나
통일한국 이룩하고
세계선교 담당하는 신령의 복지국가
선민의 누림 조성하렵니다.

*1894년 평양에 세워진 장로교회, 길선주 목사님을 중심으로 1907년 한국기독교 영적대부흥회가
  시작되었던 교회

이웃에게 사랑을 나누는 좋은 기업
감사패 전달

한국교회 희망연대(훈 희년) 발기인대회
일시 : 2007년 12월 10일(월) 오후2시   장소 : 영락교회

건강한 뿌리에 건강한 열매가

열매를 보면 나무를 알고 물을 보면 샘을 안다. 화목하고 질서 있는 것은 성령의 역사다. 우리교회는 아름다운 행함이 있는 건강한 교회이다. 행함을 보면 마음을 알 수 있고 그 힘은 군포를 거룩하게 변화시키고 있다. 한 송이의 장미는 아무도 보아주지 않아도 위축됨이 없이 당당하게 피어난다. 열매는 줄기의 수분을 공급받아야 한다. 원줄기에 붙어 있어야 한다. 그렇듯이 우리는 하나님의 영에 감동되어야 한다. 마음을 같이하여 같은 사랑을 가지고 뜻을 합하여 한 마음을 품어 아무 일에든지 다툼이나 허영으로 하지말고 오직 겸손한 마음으로 각각 자기보다 남을 낫게 여겨야 한다. 나의 기쁨을 충만케 해야 한다. 우리 마음에 그리스도의 마음을 품어야 한다. 자기 일을 돌아볼뿐더러 다른 사람들의 형편도 돌아보아야 한다.

삶의 보람 **함께**

넓혀 가자구나

빛 사랑 모임

조건없이 섬기는 너여
사랑 심는 인생길
섬김의 오작교 놓아
사뿐히 건너는 당신아!

한 해의 끝자락 사랑의 맘 열고
노래와 친교 있는 곳
리더스클럽 둥지에 모이란다

힘들고 어려운 좁은 길 따라
위로 안식 평강 사랑의 들녘
행복 추수하누나

큰 자들아 모여라
함께 감사 손 모우고
님과 사람 은총 받아
삶의 보람 함께 넓혀 가자구나.

영광의 열매

아름다운 강산
님의 형상 닮은 이들
화목, 사랑들녘으로 하나되라 하셨건만

모래알처럼 산산이
깨어진 나그네 맘에
님의 영 임해 선한 삶 불 지피우고
평화의 도구된
고매의 인품 소유한 이들
화목 거룩의 향기 피어오르고
좋아 참 좋아 행복노래 반주되니
영광을 님께 돌린다

연합일체 님의 뜻 아름안고
십자가 고난 길 묵묵히 가신 이들
님 앞에 상 받는 영광 임하니
하늘 높이 기쁨의 빛 토하고
자연 열매 받치는 때에

선한 삶
님과 사람에게
한 다발의 꽃 드리며 축하하노라.

영광의 열매

선한 삶
한 다발의 꽃 드리며
축하 합니다.

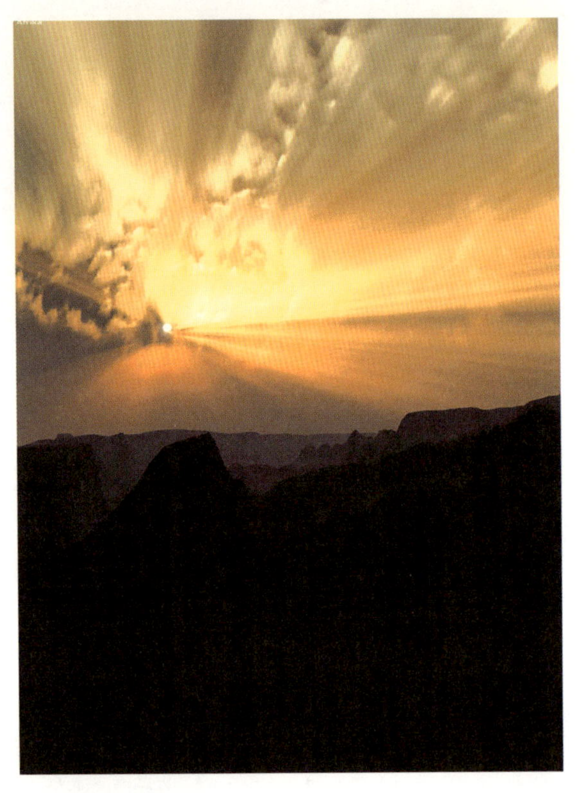

온누리에
행복의 **풍성한** 열매
임하도록

복된 생

일어나라
빛을 발하라
주의 빛 임하였으니

성령의 능력의 삶 옳은 행실
하나님께 영광

온누리에
행복의 풍성한 열매 임하도록

모이자
기도하자
전도하자

일만 명 성도 함께
십자가 역군되어
성전건축으로
복된 생 누려보자.

목회 여정 속에 님의 사랑이 쌓입니다

초원가득 양의 무리 한가히 풀 뜯고
양몰이 개, 주인 손 끝에 눈 맞추는구나

초장에 평안만 넘치길 소원하는
목동의 가슴에 함께 호흡하는 나
배고픈 이리들은 양떼로 접근하여
힘없는 양 생명 해할 때
사투의 힘 쏟아내는 목동 길 가는 목회

보람의 길이나 서운함과 배신의 길이요
사랑의 길이나 증오와 미움의 길이요
즐거움의 길이나 외로움의 길이요
행복의 길이나 십자가의 길이요
영광의 길이나 좁은 길이네요

천국을 소유하나 지옥의 늪에서
님의 손 꼭잡고 긴장하며 이루어 가는 목회

탄식과 고달픔의 길을
웃고 가는 신비의 길 걷는
목회여정 속에
님의 사랑이 쌓여 가네요.

2008년 5월 25일

행복의 옥토

펴낸날　 2008. 5. 25.

지은이　 권태진

발행처　 도서출판 성빛

등록번호 제 96-21호

주　소　 435-050 경기도 군포시 금정동 870-10

대표전화 031)397-6754　 팩스　031)397-9241

홈페이지 www. gunpojeil.org

ISBN　 978-89-87187-22-8　03230